AF268249

LES
PROCHAINES ÉLECTIONS

Sénatoriales et Législatives

PAR

Eugène BRESSON

Rédacteur en chef de LA RÉFORME

PRIX : **10** CENTIMES

EN VENTE

A Toulouse, chez les principaux Libraires.

400 exemplaires...........................   6 » »
 500   —   ....   25 » »
1000   —   ....   40 » »

Le port en sus.

S'adresser à l'auteur, à Toulouse, bureaux de *la Réforme*, rue du Lyeée, 9.

Imp. Vialelle et Cᵉ, rue du Lycée, 9, Toulouse.

LES
PROCHAINES ÉLECTIONS

I

Enfin, après quatre mortelles années d'attente, la parole est rendue au pays. L'Assemblée de Versailles, cette Assemblée élue en un jour de malheur, selon la juste expression d'un des ministres de l'Ordre moral, feu M. Beulé, et dont l'histoire formera le plus curieux chapitre de nos annales parlementaires, l'Assemblée de Versailles, de guerre lasse, se décide à mourir. Il semble que maintenant on respire plus à l'aise ; le pays secoue sa torpeur et se sent renaître ; la conscience publique, soulagée du poids qui l'oppressait, se réveille et reprend confiance. L'heure de la délivrance a sonné : nous avons doublé, sans trop d'avaries, le cap des tempêtes ; les jours d'épreuve sont passés : semblable à un navire battu, sans repos ni trêve, par de furieux orages et conduit par des pilotes perfides qui avaient comploté sa perte, vingt fois la République a failli sombrer. Mais grâce aux caprices de la tourmente elle-même, elle a évité les écueils dont sa route était semée : aujourd'hui elle entre dans des mers plus calmes et plus clémentes, et déjà le port est en vue.

Quelle dose presque surhumaine de patience, de longanimité et de courage ne lui a-t-il pas fallu, à ce malheureux et noble pays, pour supporter, comme il l'a fait, les défiances imméritées, les mauvais traitements, les humiliations sans nombre, les calomnies, les violences, les flagellations dont il a été l'objet de la part de ceux qui, n'étant que ses mandataires, et devant être ses humbles serviteurs, se prétendaient ses maîtres et se flattaient de disposer de lui, au gré de leurs désirs, de leurs passions, de leurs rancunes et de leurs intérêts !

C'est en vain que, chaque fois qu'il a eu l'occasion de formuler ses vœux et d'exprimer sa volonté, il a fait entendre d'énergiques protestations ; vainement, avec une constance admirable, qu'aucune déception, aucune menace, aucune séduction n'a pu ébranler ni décourager, a-t-il infligé à maintes reprises au gouvernement et à l'Assemblée d'éclatants démentis, des avertissements sévères : ses protestations et ses avertissements sont restés sans effet. Tout entiers à leurs compétitions et à leurs intrigues, les partis monarchiques, coalisés contre la République malgré leurs rivalités irréconciliables, paraissaient ne plus se douter que la France existât encore : ils la croyaient morte ou faisaient semblant de le croire, et ne songeaient qu'à s'en disputer la possession. L'opinion publique, méconnue, dédaignée, brutalement étouffée par le pouvoir qui semblait se faire un point d'honneur de braver, de froisser le sentiment national et d'aller au devant de l'impopularité, l'opinion publique ne réveillait aucun écho sympathique dans ces régions souterraines et fermées aux bruits du dehors, où l'astuce et la duplicité, sous prétexte de conservation sociale, s'obstinaient à élaborer des plans, qui devaient avorter l'un après l'autre, de révolution monarchique. Dans ce milieu factice, la voix du pays était couverte par le bourdonnement confus des passions réactionnaires, sourdement en lutte les unes contre les autres et exaspérées de leur impuissance.

II

Que de choses tristes et écœurantes, qui seront à la fois l'étonnement et la risée de l'histoire, nous avons vues durant ces trois dernières années ! M. Thiers, ce vieillard illustre dont le nom est honoré et respecté par tout ce qu'il y a d'intelligent dans le monde civilisé, ce patriote auquel la France doit la libération anticipée de son territoire, M. Thiers cyniquement renversé du pouvoir pour n'avoir pas voulu déshonorer sa vieillesse par un acte de trahison et de félonie, puis, une fois tombé du pouvoir, outragé, vilipendé chaque jour par la presse de l'Ordre moral ; les médiocrités les plus notoires et les plus arrogantes, comme les Depeyre, les de Broglie, les Cumont, les Buffet, appelées aux plus hautes fonctions de l'Etat ; la coalition clérico-monarchique trafiquant insolemment du pays et les coalisés essayant de se duper les uns les autres ; la comédie de la Fusion se dénouant, au milieu des sifflets et des éclats de rire, par des révélations qui nous ont montré les entremetteurs de ce scandaleux maquignonnage pris en flagrant délit de tricherie et d'imposture ; les soi-disant libéraux de l'Orléanisme et de la Légitimité pactisant avec les hommes de l'Empire, reniant tout leur passé, foulant aux pieds, un à un, tous les principes qu'ils avaient, quelques années auparavant, proclamés, défendus avec le plus d'éclat ; les décentralisateurs les plus fougueux devenant tout à coup des centralisateurs à outrance, s'efforçant de mutiler le suffrage universel et de ressusciter à leur profit les pratiques électorales du régime impérial, contre lesquelles, pendant toute la durée de cet exécrable régime, ils n'avaient pas eu assez d'imprécations ; les voltairiens, les sceptiques s'inclinant devant le *Syllabus*, travaillant — sans succès, hâtons-nous de le reconnaître, — à détruire l'œuvre de leurs pères de 89 et livrant les jeunes générations, c'est-à-dire l'espoir de la France, à l'énervante et fatale influence des doctrines de l'Ultramontanisme ; la chaire évangélique partout transformée en tribune politique ; le clergé n'épargnant aucun moyen propre à alarmer les consciences et à porter le trouble dans les familles, inventant des miracles nouveaux ou rajeunissant ceux qui commençaient à passer de mode, et, sous prétexte de pélerinages, organisant dans toute l'étendue du pays de bruyantes manifestations ; et pendant ce temps, la France payant de son isolement en Europe les fautes, les inepties de la politique ultra-cléricale de ses gouvernants, l'Allemagne menaçante, l'Italie défiante et blessée, la Russie froide et dédaigneuse, et, pour comble d'infortune, l'Angleterre profitant de notre faiblesse pour nous dépouiller, par un coup audacieux qu'une diplomatie vigilante et habile pouvait encore parer, de ce qui nous restait d'influence en Orient, où de graves complications semblent à la veille d'éclater.

Mais revenons à l'intérieur, et poursuivons, pour la complète édification de nos lecteurs, cette revue à vol d'oiseau des belles œuvres de ce qu'on a si plaisamment appelé l'ORDRE MORAL.

Le pays dépossédé en un tour de main de ses franchises municipales par ceux-là même qui n'avaient concédé qu'à grand'peine à M. Thiers le droit de nommer directement les maires des grandes villes; les bonapartistes payés de leurs complaisances perfides et intéréssées, comblés de faveurs, remplissant les préfectures, les parquets, les recettes, les mairies et ouvertement protégés, défendus par M. Buffet, ministre de l'intérieur, malgré les rapports accablants du Préfet de police, qui dénonçaient leurs menées factieuses; par contre, les républicains les plus modérés impitoyablement et systématiquement tenus à l'écart, exclus de tous les emplois sous le gouvernement de la République, bafoués, insultés, calomniés, traînés dans la boue par une presse immonde, lâche et servile, qui pouvait impunément se permettre toutes les violences, souffler la haine, attiser la discorde et faire appel aux plus mauvaises passions; l'état de siége, ce triste legs de l'Empire agonisant, maintenu en pleine paix, alors que les causes, qui l'avaient fait décréter, n'existaient plus depuis longtemps, et, chose que la postérité refuserait de croire si elle n'était si bien attestée par tant de témoignages irrécusables, l'état de siége n'était maintenu que contre la presse républicaine : en fait, l'état de siége, fidèle à la consigne , a généreusement prodigué ses rigueurs aux seuls journaux républicains.

III

Arrêtons-nous ; n'insistons pas ; passons sous silence les faits et gestes des maires imposés; les extravagances administratives et les platitudes des commissions municipales substituées brutalement, sans rime ni raison, aux conseils élus; les arrestations arbitraires, les provocations de la police, l'humeur brouillonne, l'attitude violente, les maladresses ridicules des pachas au petit pied qui se prélassent dans la plupart de nos préfectures, et qui n'ont trouvé rien de mieux à faire que de s'ingénier à vexer les populations et à inventer des complots absurdes en collaboration avec des Cocos. Tout cela est de l'histoire ancienne : à quoi bon récriminer? ne revenons pas sur ce triste et douloureux passé; soyons tout entiers au présent. Nous entrons dans une ère nouvelle; le jour de la justice et de la réparation s'avance ; voici venir enfin le maître, le juge suprême, le peuple souverain, qui va remettre chaque chose en sa place, et briser les dernières entraves, à l'aide desquelles une réaction aveugle et imprudente tente encore d'arrêter l'essor, d'enrayer le développement régulier et pacifique de la Démocratie.

Après tout, à le bien prendre, malgré les humiliations que nous avons subies, les souffrances que nous avons endurées, nous n'avons pas à nous plaindre. En somme, c'est à nous, républicains, c'est à nos principes, à nos idées que reste la victoire.

Un fait considérable, auquel on ne prend pas assez la peine de s'arrêter, s'est produit presque au terme de la période d'intrigues et de luttes désespérées que nous venons de traverser. La République, en fin de compte, a été solennellement reconnue, constituée, consacrée, et cela par une chambre qui était en majorité monarchiste. Cette majorité, en possession du pouvoir depuis le 24 mai 1873, voulait faire la monarchie ; elle ne s'en cachait pas, et elle n'a épargné aucun moyen pour atteindre son but : mais une fatalité invincible pesait sur elle ; la force des choses la dominait et l'avait condamnée d'avance à l'impuissance. Acculée de défaite en défaite dans une impasse, elle a été contrainte de faire ou de laisser faire la République, ratifiant ainsi par un acte législatif la conclusion qui se dégageait déjà, pour tous les esprits attentifs, de toute la série de nos expériences politiques depuis 89, à savoir que la monarchie, sous l’une quelconque de ses trois formes, monarchie dite légitime, monarchie constitutionnelle et bàtarde, empire ou césarisme, est absolument incompatible avec les tendances, les aspirations démocratiques qui prévalent actuellement dans notre milieu social.

C’est là un fait d’une portée immense, le fait dominateur de notre époque : le reste n’est qu’accessoire, pur accident. Le 25 février dernier, une constitution a été votée, qui reconnaît et organise la République. Laissons les pointus déblatérer contre les imperfections de cette constitution. Sans doute, l’œuvre constitutionnelle du 25 février est loin d’être parfaite : mais que nous importe ? une constitution, si parfaite qu’elle soit, n’est rien de plus par elle-même qu’un chiffon de papier. Ce qui fait le mérite d’une constitution dans la pratique, ce n’est pas la savante ordonnance de ses parties, la sagesse de ses formules, le luxe de ses précautions ; c’est l’esprit de la nation à qui revient la tàche de la défendre, de la respecter, de l’améliorer, de lui communiquer la vie ; c’est la valeur, le patrio- tisme, la sincérité des hommes qui sont chargés de l’appliquer.

Ne chicanons donc pas sur les vices, les dé- fectuosités de la constitution du 25 février. Pre- nons position sur le terrain légal et constitutionnel : sur ce ferme terrain nous serons invincibles, inexpugnables, si nous savons rester unis ; si nous savons nous inspirer des nécessités de la situation ; si nous savons faire abstraction de nos préférences personnelles, de nos intérèts de coterie ou de clocher, pour ne penser qu'au pays. Appélons à nous tous les hommes de bon sens et de bonne volonté qui veulent le progrès sans secousses, sans Révolutions, et qui n'ont pas désespéré de la liberté. Quoi qu'on en dise, ils sont aujourd'hui en majorité dans la nation. Notre République n'est pas une République farouche, intolérante et fermée ; elle accueille avec empressement tous les concours pourvu qu'ils soient sincères, toutes les conversions pourvu qu'elles soient loyales ; elle ne repousse que les charlatans et les félons. D'humeur pacifique, elle ne veut devoir son triomphe définitif qu'au progrès des lumières, au développement de la raison publique éclairée par la discussion libre, à l'accroissement général du bien-être par l'épargne et le travail, enfin aux enseignements de la science et à la pratique de la justice. Elle n'a de haine que pour le despotisme et l'oppression. Elle ne fait la guerre qu'à l'ignorance et au mensonge ; et si parfois, dans la mêlée des partis, elle tire l'épée, c'est qu'elle y est forcée pour sa légitime défense. Qui oserait lui imputer à crime de se dé-

fendre contre les attaques déloyales de ses ennemis déclarés?

IV

Il est donc essentiel qu'aux élections prochaines, élections sénatoriales, élections législatives, tous les patriotes, tous les amis de la
paix et de la liberté, tous ceux qui ont souci des
vrais intérèts du pays, tous ceux qui veulent le
prompt relèvement de la France, qui redoutent,
non sans raison, les Révolutions, les coups d'E-
tat, les entreprises périlleuses des factions, il
est essentiel, disons-nous, que tous les bons
citoyens s'unissent dans une action et dans une
pensée communes, pour faire triompher des
candidats sincèrement constitutionnels. Il est
temps d'en finir avec les équivoques : quatre années d'intrigues énervantes, de luttes stériles,
de piétinements sur place, c'est assez. Il faut que
des urnes électorales sorte une situation nette.
Il faut enfin que la constitution du 25 février
devienne une vérité; il faut que des mains de
ses ennemis, qui s'ingénient à la tourner contre elle-mème, elle passe dans les mains d'hommes fermement décidés à l'appliquer avec
franchise, à la faire respecter de tous et à la
perfectionner, conformément aux vœux libre-

ment exprimés de l'opinion publique. Il y va du salut, de la dignité du pays.

La situation actuelle ne peut pas se prolonger sans danger. Que voyons-nous en effet? les partisans sincères de la constitution, ceux qui l'ont votée loyalement, sans arrière-pensée sont tenus à l'écart, repoussés avec dédain, menacés, combattus, persécutés, mis hors la loi; tandis que toutes les forces du pouvoir sont à la disposition de ceux-là même qui n'ont d'autre but que de se servir de la constitution pour la détruire. Le lendemain du 25 février, tous les cœurs s'ouvraient à l'espoir et à la confiance; on croyait qu'une politique d'apaisement allait enfin succéder à la politique de combat : on se trompait. La déception a été cruelle et le pays n'en est pas encore remis. La politique réactionnaire, anti-libérale, personnifiée dans un homme, M. Buffet, ministre de l'intérieur et vice-président du conseil, n'a pas tardé à dissiper ces généreuses illusions d'une nation trop confiante et trop crédule. Même aux plus beaux jours de l'Ordre moral, elle n'avait pas revêtu des formes plus choquantes; jamais elle ne s'était montrée plus agressive, plus âpre, plus hautaine.

C'est là, on en conviendra, une anomalie sans précédent, sans justification possible. Comprend-on un gouvernement conspirant contre lui-même, en contradiction dans tous ses actes avec son essence, avec le principe en vertu duquel il existe ? En quel lieu, en quel temps a-t-on vu un gouvernement appelant exclusivement à lui, couvrant de sa protection ses adversaires, ceux qui ne rêvent que de le renverser, et excluant de parti-pris, froissant, comprimant, persécutant tous ceux qui ont contribué à le fonder et qui sont le plus intéressés à le défendre ? En vérité, cela ne s'était jamais vu, et il était réservé à l'Ordre moral d'engendrer ce phénomène, d'enrichir le monde des réalités de ce bizarre produit, que l'imagination la plus fantasque n'avait pas même, jusqu'à ce jour, soupçonné.

En bonne conscience, cette comédie a assez long-temps duré. Le pays veut-il, oui ou non, qu'elle continue ? Veut-il, oui ou non, que la constitution soit une vérité ? Toute la question est là ; c'est la seule question qui se pose aujourd'hui devant les électeurs. Eh bien, nous avons confiance dans le bon sens du corps électoral. Il va de soi, c'est le plus simple bon sens qui le dit, que puisque nous avons une constitution républicaine, la politique du gouvernement doit être républicaine. Nous sommes convaincu que les électeurs, aussi bien les électeurs privilégiés du

Sénat que ceux du suffrage universel, affirme-
ront cette vérité évidente par elle-même, en lui
donnant la force d'un arrêt de la Souveraineté
nationale.

On ne l'ignore pas : le Sénat est pourvu par
la Constitution d'attributions considérables qui
peuvent tourner à bien ou à mal, selon qu'il
sera bien ou mal composé. En vertu de la Constitution, le Sénat a le droit de dissoudre, d'ac-
cord avec le Président de la République, l'Assemblée des élus du suffrage universel. De plus,
au terme de la période de sept ans, pour laquelle
la Présidence a été confiée à l'illustre maréchal
de Mac-Mahon, comme aussi en cas de décès ou
de démission du Président en exercice, la nomination d'un nouveau Président appartient aux
deux Chambres réunies en Congrès.

On voit de suite, en raison du rôle prépondé-
rant que le Sénat est appelé à jouer dans le fonctionnement du mécanisme constitutionnel, com-
bien sont importantes les prochaines élections
sénatoriales. Il importe donc que messieurs les
électeurs sénatoriaux se pénètrent bien de l'im-
portance, de la gravité de l'acte politique qu'ils
vont avoir à accomplir. Electeurs privilégiés,
ils ne doivent pas perdre de vue que le privi-
lége, qui leur est conféré par la constitution,
leur impose de grands devoirs, une lourde res-

ponsabilité. En réalité mandataires de ceux qui ne votent pas, ils doivent s'inspirer, moins de leurs opinions, de leurs préférences personnelles, que de l'opinion publique. Ils sont tenus, plus strictement que les électeurs du suffrage universel dans les élections ordinaires, de considérer attentivement, avant de prendre une détermination, l'intérêt général du pays, de se rendre compte de la situation, de peser mûrement les conséquences de leur vote.

Eh bien, examinons rapidement les conséquences qui pourraient se produire. Les élections sénatoriales, envisagées au point de vue des résultats du scrutin, donnent lieu aux trois hypothèses suivantes :

1° Il peut arriver que la composition des deux Chambres soit sensiblement la même que celle de l'Assemblée qui vient de s'éteindre à Versailles. Conséquence forcée : nous retombons dans l'état de crise permanente où nous avons vécu depuis 1871. Pas de majorité dessinée, solide, compacte ni dans un sens ni dans l'autre : nous voilà de nouveau, et pour quatre ans, ballottés en sens contraire, condamnés à marcher à tâtons dans les ténèbres, à piétiner sur place, sans pouvoir avancer ni reculer. Les partis, se faisant équilibre et se neutralisant les uns par les autres, les intrigues, les équivoques recommencent. De là, impuissance au centre même de l'action politique et malaise croissant dans la nation.

Nous croirions calomnier le pays, en supposant un seul instant qu'il puisse seulement avoir la pensée de se condamner à une pareille situation : écartons donc cette première hypothèse et passons à une autre :

2° Supposons que les monarchistes, les ennemis de la Constitution arrivent en majorité au Sénat, tandis qu'au contraire, la majorité dans la Chambre des députés serait franchement républicaine. En ce qui concerne la Chambre des députés, cette supposition n'a rien d'invraisemblable. Il y a tout lieu d'espérer que, malgré le scrutin d'arrondissement, malgré les préfets et les maires de l'Ordre moral, les élections législatives donneront la victoire aux diverses nuances du parti républicain. Dans ce cas, nous avons en perspective d'inévitables conflits entre les deux branches de la législature : conflits dangereux dont il serait difficile de prévoir l'issue.

3° Le pays est trop affamé de calme et de repos, pour vouloir, de propos délibéré, courir le risque de nouvelles aventures. Son intérêt le plus évident lui commande de composer les deux Chambres de telle sorte, que toute occa sion, tout prétexte de conflits fassent complétement défaut. C'est la derniere de nos trois hypothèses, et selon toute vraisemblance, c'est celle qui se réalisera. Les électeurs sénatoriaux ne voudront pas s'exposer à l'écrasant désaveu, à la condamnation sévère que leur infligerait certainement, un mois plus tard, le suffrage universel, s'ils étaient assez oublieux de l'intérêt national, pour émettre un vote en désaccord avec le résultat probable du scrutin pour l'élection des députés. Les sénateurs et les députés, procédant du même sentiment, de la même pensée, seront également républicains et constitutionnels. De la sorte, le fonctionnement régulier de nos institutions sera assuré, et ce Sénat qui, dans la pensée des meneurs de la coalition cléricomonarchique, devait être la citadelle de la Réaction, sera la pierre angulaire de l'édifice, le plus ferme appui de la République.

V

La réaction aux abois essayera, il faut y compter, d'effrayer le pays, en faisant grimacer à ses yeux le fantôme de nous ne savons quel péril social imaginaire. Mais le pays, instruit par une récente et cruelle expérience, ne se laissera pas prendre à ce piége usé et démodé.

Il sait trop bien ce qu'il lui en a coûté d'avoir prêté, il y a vingt-cinq ans, une oreille complaisante et crédule aux prédictions mensongères et sinistres des ennemis de la République. Affolé de terreur, il a applaudi au crime du 2 décembre, et il s'est remis à discrétion entre les mains du despotisme. Vingt années de corruption, de servilisme, d'abaissement moral et intellectuel; le gaspillage de la fortune publique; la guerre du Mexique honteuse et ruineuse, Sadowa préludant aux désastres de 1870; et finalement l'invasion, notre antique gloire militaire ternie par la honte de capitulations sans précédents dans l'histoire, la perte de deux provinces, la France humiliée, contrainte d'acheter la paix au prix d'une rançon de cinq milliards : voilà quelles ont été les conséquences amères de l'inexplicable panique semée dans le pays, en 1850, par les honnêtes exploiteurs du péril social. L'Empire devait être le salut, il a été la ruine; il devait être l'ordre, il n'a été en réalité que l'anarchie organisée ; il devait être la gloire, il n'a été que la honte; il devait être la paix, il a été l'invasion !

Que veut-on de plus ? La démonstration n'est-elle pas complète? Une telle expérience ne suffit-elle pas ? Allons, allons : soyons des hommes; faisons usage de notre raison; ne nous laissons pas épouvanter par des mots, comme des enfants qui tremblent au seul nom de Croquemitaine. Envisageons froidement la situation. Où donc est-il, et en quoi consiste ce péril social qu'on nous dénonce, sans jamais le montrer ni le définir? La France, durant ces quatre dernières années, malgré les tentatives réitérées des factions monarchiques, n'a-t-elle pas joui d'une tranquillité profonde, d'une prospérité matérielle qui tient du prodige? Les quarante-deux milliards offerts par les capitalistes du monde entier à M. Thiers, lors du dernier emprunt pour la libération du territoire, ne disent-ils pas assez haut que les capitaux, même les capitaux étrangers, ne s'effraient pas de la République? Ne protestent-ils pas assez éloquemment contre les déclamations perfides des soi-disant champions de la conservation sociale?

Conservation sociale! Demandez donc la signification précise de cette formule à ceux qui l'ont sans cesse à la bouche? Ils seront bien embarrassés de vous répondre autrement que par des banalités, des niaiseries et des équivoques. Parlons français, ce qui revient à dire: parlons nettement et franchement. Quels sont les vrais conservateurs, ceux qui veulent renverser les institutions établies, ou ceux qui veulent les maintenir et les améliorer? Poser la question, c'est la résoudre pour tout homme de bon sens et de bonne foi, dont le jugement n'est pas faussé, obscurci par la passion, par l'esprit de parti.

Oui — et c'est une vérité de fait qu'il ne faut pas se lasser de répéter, de propager — oui, à l'heure où nous sommes, les vrais, les seuls conservateurs sont les républicains, les républicains de la veille comme les républicains du lendemain. Nous avons le droit de le dire hautement : nous sommes aujourd'hui le grand parti national et sincèrement conservateur. Avec nous, plus de coups d'Etat, plus de révolutions, plus d'aventures à redouter. Que demandons-nous en effet? l'application loyale, le développement progressif de la constitution : rien de plus, rien de moins.

Le pays le sait bien; aussi fera-t-il choix, pour le représenter au Sénat et à l'Assemblée législative, d'hommes sincèrement ralliés à la République et à la Constitution. Il suivra l'exemple que vient de lui donner l'Assemblée de Versailles dans l'élection des 75 sénateurs inamovibles, dont la Chambre s'était réservé la nomination.

Racontons en quelques mots, pour terminer, cet instructif épisode, qui dénoue, d'une manière si imprévue et si heureuse, la comédie parlementaire à laquelle nous assistons depuis février 1871.

Jusqu'à la dernière heure, les groupes républicains, donnant ainsi une preuve palpable de l'esprit de modération et de conciliation qui les anime, ont essayé de s'entendre avec les groupes de la droite, pour la confection d'une liste commune. Mais à toutes les avances qui leur ont été loyalement faites par les gauches, les libérâtres du centre droit et les faux légitimistes de la droite dite modérée ont répondu par des prétentions exorbitantes, par des exigences inacceptables. Ils se croyaient sûrs du succès : les meneurs, les habiles avaient fait leur siége d'avance et ils comptaient bien exclure complétement du Sénat les républicains. Les orléanistes avaient leur plan. Quand, après le 25 février, ne pouvant agir autrement, ils s'étaient décidés à se joindre à la majorité qui avait voté la constitution, ils s'étaient dit que le Sénat serait la forteresse de l'Orléanisme. Après avoir dupé les légitimistes purs, ils se frottaient les mains à la pensée du bon tour qu'ils méditaient de jouer à cette pauvre République. Une fois installés en nombre au Sénat, c'est-à-dire au cœur de la place, ils étaient les maîtres : et Dieu sait ce qui serait arrivé ! La maison entre les mains de pareils hôtes risquait fort de prendre feu un de ces quatre matins.

Malheureusement pour eux, on a vu clair dans leur jeu. Les légitimistes de l'extrême droite, qui sont des hommes honnêtes, loyaux et convaincus, n'ont pas cru devoir tenir l'échelle pour Messieurs d'Orléans, dont ils n'avaient guère à se louer : ils ont fait alliance avec les républicains et la liste des gauches a triomphé sur toute la ligne.

Ainsi, les trompeurs ont été trompés ! La leçon est dure, mais bien méritée : les renards sont pris à leur propre piége. Le coup est écrasant; l'orléanisme éreinté ne s'en relèvera pas. Maintenant c'est le tour du pays; c'est à lui d'achever une victoire si bien commencée. Pour cela, il n'a qu'une chose à faire, une chose toute simple, l'opération la plus facile du monde : qu'il fasse ce qu'a fait l'Assemblée; qu'il élimine impitoyablement des listes électorales tous les ennemis déclarés ou déguisés de la constitution; et la République sera définitivement fondée, et nous aurons la tranquillité, la sécurité, la paix et l'ordre véritable, c'est-à-dire l'ordre dans la liberté et par la liberté.

E. BRESSON

Rédacteur en chef de la *Réforme*, interdite par l'état de siège, depuis le 9 juillet 1874.

Toulouse, le 17 décembre 1875.